VENTE

Du Lundi 10 Janvier 1881

HOTEL DROUOT, SALLE Nº 5

ARMES ANCIENNES

OBJETS D'ART

ET

D'AMEUBLEMENT

TAPISSERIE GOTHIQUE ET AUTRES

ÉTOFFES ANCIENNES — BOIS SCULPTÉS

MEUBLES — BRONZES — MARBRES — PORCELAINES — FAIENCES

Mᵉ E. BERTHELIN	M. A. BLOCHE
COMMISSAIRE-PRISEUR	EXPERT
29, rue Le Peletier	44, rue Laffitte

EXPOSITION PUBLIQUE

LE DIMANCHE 9 JANVIER 1881, DE 1 HEURE 1/2 A 5 HEURES

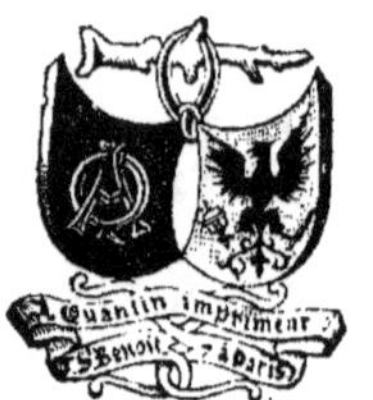

A. Quantin imprimeur
rue St Benoit, à Paris

CONDITIONS DE LA VENTE

Elle sera faite au comptant.

Les acquéreurs payeront *cinq centimes par franc* en sus
des enchères, applicables aux frais.

L'Exposition   ant les acquéreurs à même de
se rendre compte de l'état et de la nature des objets, il
ne sera admis aucune réclamation, une fois l'adjudication
prononcée.

DÉSIGNATION

ARMES

1. — Beau Fusil de rempart, canon bronze argentin rayé, avec magnifique batterie à rouet et à double feu, gravée par parties. Bois sculpté, offrant à l'embouchure une tête d'homme, xvie siècle.

2. — Beau Fusil, canon martelé, batterie dite chenapan à tête et cartouche, forme casques, bois sculpté et incrusté, crosse à éventail ornée à l'extrémité d'une grande fleur de lys. Commencement du xviie siècle.

3. — Beau Fusil espagnol, canon orné de cachets et de fleurs de lys, batterie à marque de *Gallas,* xviie siècle.

4. — Beau Fusil turc, canon de damas, incrusté d'or et d'argent, avec viroles en argent, batterie damasquinée d'or, bois orné d'appliques de cuivre, xviie siècle.

5. — Fusil turc, canon incrusté d'or et d'argent, bois incrusté d'ivoire, batterie à mèche, xviie siècle.

6. — Tromblon de FILIPPO BRANCATI, canon incrusté de cuivre, xviiie siècle.

7. — Fusil turc, avec batterie à pierre, xviie siècle.

8. — Fusil arabe, avec batterie à mèche, XVII. siècle.

9. — Fusil à vent, avec sa pompe, commencement du
XVIIIe siècle.

10. — Deux Fusils à silex, canons rayés, bois sculptés.

11. — Deux Fusils de chasse, calibre 16, système Lefau-
cheux à un coup.

12. — Fusil russe à piston.

13. — Sabre de cavalerie.

14. — Sabre wurtembergeois.

15. — Batterie à rouet et gravée, XVIIe siècle.

16. — Yatagan albanais, orné d'incrustations d'argent.

17. — Sabre japonais.

18. — Poudrière anglaise en cuivre.

19. — Batterie à rouet, double feu.

20. — Poignard à manche d'acier, XVIe siècle.

21. — Épée de chevet à lame flamboyante, avec poignée en
fer, forme serpents enroulés. Avec son écrin.
XVIe siècle.

OBJETS D'AMEUBLEMENT

PORCELAINES, FAIENCES, MARBRES, BRONZES

22. — Grande et belle Jardinière oblongue à anses, en ancienne faïence de Rouen, riche décor à lambrequins en bleu sur blanc.

23. — Grande et belle Stalle gothique en bois sculpté, avec dais découpé à jour.

24. — Jolie Glace biseautée, avec cadre en incrustations de l'Inde, XVIIe siècle.

25. — Petite Vitrine d'applique, avec cadre en bois sculpté et doré, époque Louis XIV.

26. — Beau Meuble de salon de grand style, composé d'un Canapé et cinq Fauteuils en bois sculpté, époque Louis XVI.

27. — Grande et belle Pendule en marqueterie de *Boule*, avec socle d'appliques. ornés de bronzes, époque Louis XIV.

28. — Trois Potiches en ancienne porcelaine de Chine, décor de la famille verte.

29. — Belle Tapisserie gothique, composition d'une multitude de figures de guerriers et de scènes allégoriques à la sorcellerie.

30. — Statuette en bronze, *Hercule endormi*, XVI° siècle.

31. — Statuette en bronze, *Hercule au Dauphin,* xvɪᵉ siècle.

32. — Statuette en bronze, *Satyre,* xvɪᵉ siècle.

33. — Haut de meuble en bois sculpté de la Renaissance.

34. — Quatre Flambeaux d'autel en bois sculpté et doré, xvɪɪᵉ siècle.

35. — Reliquaire surmonté d'une croix en bois sculpté, travail gothique.

36. — Deux Cariatides et une Colonnette en bois sculpté, xvɪᵉ siècle.

37. — Plat gothique en cuivre repoussé, à fleurs.

38. — Quatre Appliques en cuivre, têtes de cerf et un pommeau d'épée à côtes saillantes.

39. — *Cicéron,* 1 vol. édition de 1749, reliure du temps.

40. — Petite Théière en vieux Chine, décor à carrelages et fleurs.

41. — Petit Sucrier en vieux Chine, famille verte.

42. — Petit Brûle-parfums en vieux Saxe, monté en bronze Louis XIV.

43. — Groupe de deux figures en faïence de Zurich.

44. — Veilleuse, forme maison, en faïence.

45. — Écritoire en faïence de Marseille, décor à fleurs.

46. — Groupe de deux figures en vieux Saxe.

47. — Deux Tasses en vieux Chine et vieux Japon.

48. — Deux petits Vases en vieux Chine, à fleurs.

49. — Coupe en vieux Chine, famille rose, montée en bronze.

50. — Petite Tasse et un Godet de Chine.

51. — Belle Colonne en granit d'Égypte, sur base en marbre rouge.

52. — Porte en bois sculpté, fin du xvie siècle.

53. — Porte en bois sculpté, xvie siècle, à panneaux plissés.

54. — Fragment de meuble, colonne gothique, bois sculpté.

55. — Serrure en fer, xviie siècle.

56. — Six Chaises en tapisserie, style Louis XIII.

57. — Deux Gaines en marbre polychrome.

58. — Deux Colonnes en marbre.

59. — Tapisserie, scène pastorale, xvie siècle.

60. — Tapisserie à personnages.

61. — Grande Corne.

62. — Statuette en marbre : *Petit Bacchus*, de FAGGIONI.

63. — Crédence en bois sculpté, style gothique.

64. — Pomme d'escalier en fer forgé, xvie siècle.

65. — Vitrail à armoirie.

66. — Table à jeu en mosaïque.

67. — Jardinière en mosaïque.

68. — Chiffonnier, formant bureau, en bois de rose et marqueterie.

69. — Glace, forme médaillon, cadre doré.

70. — Glace, forme carrée, cadre doré.

71. — Petit Lustre en bronze.

72. — Grand Lustre en bronze orné de cristaux.

73. — Plaque en faïence de Bouquet.

74. — Deux Tasses et Soucoupes de Saxe.

75. — Théière, Tasse et Pot à crème de Saxe.

76. — Tasse de Sèvres.

77. — Statuette en ivoire, sur socle en simili-marbre.

78. — Figurine en bronze.

79. — Deux petites Buires en porcelaine, montées en bronze.

80. — Petit Cheval en bronze doré.

81. — Petit Chien en bronze.

82. — Groupe en bronze noir.

83. — Encrier en bronze doré.

84. — Deux Statuettes sur socles en simili-marbre.

85. — Grande Pendule, forme obélisque, en marbre et bronze doré Louis XVI.

86. — Pendule en bronze doré, fin Louis XVI

87. — Deux Candélabres à trois lumières, en bronze, formées de figures de nègres.

88. — Deux Candélabres Louis XVI, formes bouquets, en bronze et marbre.

89. — Deux Candélabres argentés Louis XVI.

90. — Deux Suspensions en cuivre argenté Louis XV.

91. — Deux Chenêts à fleur de lys, style Louis XIII.

92. — Bureau Louis XVI, dessus à galerie.

93. — Tric-trac Louis XVI.

94. — Console Louis XVI.

95. — Petite Table-Bureau Louis XV.

96. — Commode de l'époque Louis XIV.

97. — Petit Secrétaire Louis XVI.

98. — Coffre du XIIe siècle, avec ses ferrures.

99. — Deux Flambeaux Louis XVI.

100. — Paire de Boucles d'oreilles en roses, Louis XVI.

101. — Miniature Louis XV.

102. — Autre Miniature ancienne.

103. — Deux Miniatures Louis XVI, cadres en or.

104. — Deux Statuettes en porcelaine de Sèvres émaillée.

105. — Deux Tableaux du baron Gros.

106. — Tableau, d'après Téniers.

107. — Tableau de fleurs.

108. — Pastel avec cadre en bois sculpté.

109. — Portrait de J. Vernet, cadre en bois sculpté.

110. — Deux Tapisseries anciennes.

111. — Trois Chaises, un Fauteuil en bois sculpté et cannées, époque Louis XV.

112. — Cinq Fauteuils anciens, en bois sculpté.

113. — Encensoir en cuivre.

114. — Deux Lampes d'autel Louis XIV et Louis XV. cuivre argenté.

115. — Trois Lustres en cuivre, époque Empire.

116. — Deux Manuscrits in-folio, *Chant et Musique* des fêtes et services de l'année. Reliure du temps, XVIIe siècle.

ÉTOFFES

117. — Très belle chape en soie blanche brochée, dessin : fruits, fleurs et bateaux. bande brochée d'argent, époque Louis XIV.

118. — Belle Chasuble, satin broché d'or et d'argent à fleurs, époque Louis XIV.

119. — Belle Chape en satin blanc, broché d'argent à fleurs, époque Louis XV.

120. — Coussin en broderie, représentant trois évêques sous un dais.

121. — Trois Chapes en soie rouge, brochées d'or et de soie, dessin à fleurs avec bande en soie blanche brochée.

122. — Trois Chapes en satin blanc, brochées à fleurs, époque Louis XV.

123. — Chasuble et deux Dalmatiques, en satin blanc brodé.

124. — Deux Dalmatiques en brocard d'or et damas soie rouge.

125. — Deux Dalmatiques en brocard d'or et soie blanche.

126. — Chape en soie rose, brochée de vert, à feuillages.

127. — Chasuble et accessoires en soie blanche, brodées de soie.

128. — Deux Dalmatiques en satin rouge brodé et en soie blanche brochée, Louis XIV.

129. — Chasuble et accessoires en satin blanc brodé, Louis XIV.

130. — Deux Dalmatiques en satin de Chine, brodé de soie, Louis XV.

131. — Deux Chapes en soie blanche brochées, dessin à rayures et fleurs, Louis XVI.

132. — Deux Chapes en soie bleue brochée.

133. — Chape et Chasuble en satin blanc brodé. Louis XV.

134. — Chasuble en satin gris perle broché, Louis XV.

135. — Deux Dalmatiques, une Chape en soie blanche brochée à fleurs, Louis XIV.

136. — Chasuble et accessoires en satin mauve broché, Louis XV.

137-141. — Vingt-cinq Chapes en soie brochée de différentes nuances, Louis XV et Louis XVI.

Sera divisé.

142-160. — Environ cent-vingt Chasubles en soierie et en satin brodés et brochés.

Sera divisé.

160-164. — Plusieurs lots d'Étoles et de Manipules anciennes.

165-175. — Environ vingt lots Chapes et Chasubles, époques Louis XV et Louis XVI.

Sera divisé.

176. — Objets non catalogués.

PARIS. — Impr. J. CLAYE. — A. QUANTIN et C⁰, rue Saint-Benoît — [16]